Günther Nieberle

Qualitative Tests zur Ermittlung des Förderbedarfs im Rechtschreiben

Grundlegende Laut-Buchstabenverknüpfung
Regelbasierte Schreibweisen

Verlag für kognitive Lernförderung

Bibliografische Information der Deutschen Nationalbibliothek: Die Deutsche Nationalbibliothek verzeichnet diese Publikation in der Deutschen Nationalbibliografie; detaillierte bibliografische Daten sind im Internet über http://dnb.dnb.de abrufbar.

ISBN: 978-3-910477-07-0

Verlag für kognitive Lernförderung
Günther Nieberle
93105 Tegernheim
www.vekole.de

INHALT

Zum Gebrauch der Tests 4

I Grundlegende Laut-Buchstabenzuordnung 5

Test L1 Lautgetreue Einfachstruktur 6

    Durchführung des Tests 6

    Vorlage Test L1 Lautgetreue Einfachstruktur 7

Test L2 Lautgetreue Strukturen mit Konsonantenhäufungen 11

    Durchführung des Tests 11

    Vorlage Test L2 Lautgetreue Strukturen mit Konsonantenhäufungen 12

II. Regelbasierte Schreibweisen 16

Test R1 Spezielle Verknüpfungen < st >, < sp > und < qu > 17

    Durchführung des Tests 17

    Vorlage Test R1 Spezielle Verknüpfungen < st >, < sp > und < qu > 18

Test R2 Orthografische Kennzeichen 21

    Durchführung des Tests 21

    Vorlage Test R2 Orthografische Kennzeichen 22

Zum Gebrauch der Tests

Die Sammlung qualitativer Tests zur Ermittlung des Förderbedarfs im Rechtschreiben bietet Lerntherapeutinnen, Lehrern und anderen Fachkräften, die in der Rechtschreibförderung tätig sind, ein Instrument zur Förderungsplanung. Die Tests ergänzen die Fehleranalyse, die auf der Grundlage standardisierter Testverfahren und informeller Schriftproben aus dem Unterricht durchgeführt wird.
Sie setzen bei den Probanden lediglich die Kenntnis der Buchstaben voraus.

Die Verfahren erfassen die folgenden Teilleistungen:

Test L1 **Lautgetreue Einfachstruktur**: einfach aufgebaute, lautgetreue Wörter, die im Wesentlichen aus einer regelmäßigen Abfolge von Konsonanten und Langvokalen bzw. Diphthongen bestehen

Test L2 **Lautgetreue Strukturen mit Konsonantenhäufungen**: lautgetreue Wörter mit langen und kurzen Stammvokalen sowie Konsonantenhäufungen am Wortanfang, in der Wortmitte, am Wortende

Test R1 **Spezielle Verknüpfungen**: Schreibung der Buchstabenverbindungen < st >, < sp > und < qu >

Test R2 **Orthografische Kennzeichen**: Anwendung von Rechtschreibregeln wie Konsonantenverdoppelung, Dehnungsschreibweisen, Ableitungen und Schreibung des [f]-Lautes

I. Grundlegende Laut-Buchstabenzuordnung

Die Verfahren ermitteln Basiskompetenzen der Laut-Buchstabenzuordnung anhand von Testwörtern, deren Schreibung (fast) keine Kenntnisse orthografischer Konventionen verlangt.
Die Auswertung liefert Hinweise auf Lücken in der individuellen (Recht-) Schreibkompetenz und zeigt, auf welchem Niveau die Förderung rechtschreibschwacher Kinder, Jugendlicher und Erwachsener einsetzen sollte.

Dies wird anhand lautgetreuer Wörter festgestellt. Regelhafte Schreibweisen auf den Gebieten der Umlaut- und Auslautwiedergabe, der Schärfungs- und Dehnungsverschriftung kommen ebenso wenig vor wie die speziellen Verknüpfungen *st, sp* und *qu*. In einigen Fällen werden jedoch Wörter mit einem dumpfen Endungs-e und Wörter mit vokalisiertem r verwendet.

Test L1 **Lautgetreue Einfachstruktur** präsentiert einfache Wörter mit regel-mäßiger Abfolge Konsonant/Vokal. Die Vokale in den Wörten sind Langvokale oder Diphthonge. Mitunter ist am Wortende ein dumpfes, unbetontes Endungs-e (Schwa-Laut) zu schreiben.

Test L2 **Lautgetreue Strukturen mit Konsonantenhäufungen** präsentiert Wörter mit Konsonantenclustern am Wortanfang, in der Wortmitte und/oder am Wortende. Einige Wörter enthalten Langvokale/Diphthonge, vor Konsonantenhäufungen in der Wortmitte stehen Kurzvokale.

Durchführungsdauer: je nach Schreibtempo für Test 1 ca. 25- 35 Minuten, für Test 2 ca. 35- 40 Minuten.

Test L1 Lautgetreue Einfachstruktur

Durchführung des Tests

Die Durchführungsanleitung für den Test lautet folgendermaßen:

„Heute schreiben wir einen Test, bei dem du/ihr Wörter in die Satzlücken schreiben sollst/sollt. Trage/tragt zunächst auf Blatt 1 oben deinen/euren Namen und das heutige Datum ein.
Jetzt geht es los. Du/ihr hörst/hört jedes Wort zweimal. Zunächst im Satz. Dann nenne ich noch einmal das fehlende Wort. Trage/tragt es dann in die Lücke ein!"

Lesen Sie nun jeden der ab Seite 7 aufgeführten Sätze zunächst im Ganzen vor, danach wiederholen Sie nur das unterstrichene Wort. Achten Sie darauf, die Prüfwörter deutlich, jedoch ohne Überartikulation zu sprechen.

Die Kopiervorlagen der Eintragungsblätter zur Durchführung des Tests finden Sie ab Seite 9.

TEST L1	Diktiervorlage
1.	Eine <u>Meise</u> sitzt auf dem Baum.
2.	Die <u>Melone</u> ist süß.
3.	Der <u>faule</u> Hund liegt auf der Decke.
4.	Unsere <u>Möbel</u> sind neu.
5.	Die Birne ist <u>weich</u>.
6.	Ich liebe <u>Käse</u>.
7.	Das <u>Telefon</u> läutet.
8.	Die Hunde <u>jagen</u> sich.
9.	Das <u>Paket</u> ist schwer.
10.	Was bedeutet das <u>Zeichen</u>?
11.	Oma kommt zu <u>Besuch</u>.
12.	<u>Heute</u> hat Mama frei.
13.	Die <u>Aufgabe</u> war schwer.
14.	Tim und Lisa <u>tauschen</u> Karten.
15.	Möchtest du eine <u>Banane</u>?
16.	Eine <u>Möwe</u> fliegt über den See.
17.	Die <u>Rakete</u> startet.
18.	Die <u>Kugel</u> rollt.
19.	Im <u>Nebel</u> war schlechte Sicht.

20.	Wir <u>gehen</u> jetzt heim.
21.	Mit dem <u>Januar</u> beginnt das Jahr.
22.	Rehe <u>leben</u> im Wald.
23.	Die Katze ist mir <u>zugelaufen</u>.
24.	In der Stadt sind viele <u>Leute</u>.
25.	Ich muss noch <u>üben</u>.

Name: _____ **Datum:** _____

Schule: _____ **Klasse:** _____

01. Eine _____ sitzt auf dem Baum.

02. Die _____ ist süß.

03. Der _____ Hund liegt auf der Decke.

04. Unsere _____ sind neu.

05. Die Birne ist _____.

06. Ich liebe _____.

07. Das _____ läutet.

08. Die Hunde _____ sich.

09. Das _____ ist schwer.

10. Was bedeutet das _____?

11. Oma kommt zu_____.

12. _____ hat Mama frei.

13. Die _____ war schwer.

14. Tim und Lisa _____ Karten.

15. Möchtest du eine_____ ?

16. Eine _____ fliegt über den See.

17. Die _____ startet.

18. Die _____ rollt.

19. Im _____ war schlechte Sicht.

20. Wir _____ jetzt heim.

21. Mit dem _____ beginnt das Jahr.

22. Rehe _____ im Wald.

23. Die Katze ist mir _____.

24. In der Stadt sind viele _____.

25. Ich muss noch _____.

Test L2 Lautgetreue Strukturen mit Konsonantenhäufungen

Durchführung des Tests

Die Durchführungsanleitung für den Test lautet folgendermaßen:

„Heute schreiben wir einen Test, bei dem du/ihr Wörter in die Satzlücken schreiben sollst/sollt. Trage/tragt zunächst auf Blatt 1 oben deinen/euren Namen und das heutige Datum ein.
Jetzt geht es los. Du/ihr hörst/hört jedes Wort zweimal. Zunächst im Satz. Dann nenne ich noch einmal das fehlende Wort. Trage/tragt es dann in die Lücke ein!“

Lesen Sie nun jeden der Sätze auf Seite 12 f. zunächst im Ganzen vor, danach wiederholen Sie nur das unterstrichene Wort. Achten Sie darauf, die Prüfwörter deutlich, jedoch ohne Überartikulation zu sprechen.

Die Kopiervorlagen zur Durchführung des Tests finden Sie ab Seite 14.

Vorlage Test L2 Lautgetreue Strukturen mit Konsonantenhäufungen

TEST L2	Diktiervorlage
1.	<u>Scherben</u> bringen Glück.
2.	Die <u>Rinder</u> grasen auf der Wiese.
3.	Der Himmel ist <u>blau</u>.
4.	Das <u>Schwarzbrot</u> schmeckte ihm.
5.	Sie <u>zweifelte</u> daran.
6.	Auf der <u>Insel</u> gibt es schöne Strände.
7.	Das <u>Fenster</u> ist offen.
8.	Der <u>Braten</u> ist im Ofen.
9.	Auf den <u>Alpen</u> lag Schnee.
10.	Wir <u>schreiben</u> heute einen Brief.
11.	Nimm deine <u>Maske</u> ab.
12.	Sie <u>trank</u> einen Schluck Milch.
13.	Die <u>Freude</u> war groß.
14.	Dort <u>drüben</u> fährt er.
15.	Das <u>glaube</u> ich nicht.
16.	Das <u>Krokodil</u> wird gefüttert.
17.	Die <u>Blüte</u> duftet.
18.	Das <u>Album</u> ist voll.
19.	Eine <u>Fledermaus</u> flog in die Höhle.

20.	Im <u>Traum</u> war sie Königin.
21.	Der <u>Forscher</u> hat etwas entdeckt.
22.	Die <u>Trompete</u> war laut.
23.	Ich habe gerade <u>angefangen</u>.
24.	Eine <u>Wolke</u> steht am Himmel.
25.	Das <u>Plakat</u> ist bunt.
26.	Die <u>Tulpen</u> welken schon.
27.	Die <u>Pumpe</u> quietscht.
28.	Das ist meine <u>Schwester</u>.
29.	Er <u>nahm</u> eine Probe.
30.	Der <u>Balken</u> war morsch.

Name: _____ Datum: _____

Schule: _____ Klasse: _____

01. _____ bringen Glück.

02. Die _____ grasen auf der Wiese.

03. Der Himmel ist _____.

04. Das _____ schmeckte ihm.

05. Sie _____ daran.

06. Auf der _____ gibt es schöne Strände .

07. Das _____ ist offen.

08. Auf den _____ lag Schnee.

09. Der _____ ist im Ofen.

10. Wir _____ heute einen Brief.

11. Nimm deine _____ab.

12. Sie _____ einen Schluck Milch.

13. Die _____ war groß.

14. Dort _____ fährt er.

15. Das _____ ich nicht.

16. Das _____ wird gefüttert.

17. Die _____ duftet.

18. Das _____ ist voll.

19. Eine _____ flog in die Höhle.

20. Im _____ war sie Königin.

21. Der _____hat etwas entdeckt.

22. Die _____ war laut.

23. Ich habe gerade _____.

24. Eine _____ steht am Himmel.

25. Das _____ ist bunt.

26. Die _____ welken schon.

27. Die _____ quietscht.

28. Das ist meine _____.

29. Er nahm eine _____.

30. Der _____ war morsch.

II. Regelbasierte Schreibweisen

Die beiden hier präsentierten qualitativen Testverfahren ermitteln die Fähigkeit zur Beachtung grundlegender orthografischer Konventionen beim Schreiben.

Die Tests werden vor Förderungsbeginn zur Planung der Inhalte und dann ggf. zur Zwischendiagnostik durchgeführt. Ihre Auswertung liefert Hinweise auf Lücken in der individuellen, regelbasierten Rechtschreibkompetenz und zeigt, welche orthografischen Strategien in der Förderung aufzubauen sind.

Test R1 Spezielle Verknüpfungen

Dieser Test betrifft die Schreibung der Lautgruppen [scht], [schp] und [kw] als < st >, < sp > und < qu >. Am Wort- bzw. Silbenanfang sind diese Lautverbindungen in die Buchstabenverbindungen < st >, < sp > und < qu > zu übersetzen. Über die genannten regelhaften Abweichungen von der einfachen Laut- Buchstabenzuordnung hinaus enthalten die Prüfwörter keine orthografischen Anforderungen.

Test R2 Orthografische Kennzeichen

Das Verfahren wurde konzipiert zur qualitativen Bestimmung des Förderbedarfs in den wichtigsten orthografischer Regelbereichen:
- Kennzeichnung kurzer und langer Stammvokale durch Schärfungs- und Dehnungszeichen
- Ableitung des Umlauts
- Ableitung des Auslauts
- Ableitung und Differenzierung des stimmlosen <ß> vs stimmhaften <s>
- Verschriftung des <f>-Lautes als „f" oder „v".

Die Durchführungsdauer beträgt je nach Schreibtempo für Test 1 ca. 25 Minuten, für Test 2 ca. 35- 40 Minuten.

Test R1 Spezielle Verknüpfungen < st >, < sp > und < qu >

Durchführung des Tests

Die Durchführungsanleitung lautet folgendermaßen:

„Heute schreiben wir einen Test, bei dem du/ihr Wörter in die Satzlücken schreiben sollst/sollt. Trage/tragt zunächst auf Seite 1 oben deinen/euren Namen und das heutige Datum ein.
Jetzt geht es los. Du/ihr hörst/hört jedes Wort zweimal. Zunächst im Satz. Dann nenne ich noch einmal das fehlende Wort. Trage/tragt es dann in die Lücke ein!"

Bitte lesen Sie nun jeden der Sätze auf Seite 18 zunächst vollständig vor, danach wiederholen Sie nur das unterstrichene Wort. Achten Sie bei der Aussprache darauf, dass die Prüfwörter zwar deutlich, jedoch ohne Überartikulation gesprochen werden.

Die Testformulare für Schülerinnen und Schüler stehen auf den Seiten 19-20.

Vorlage Test R1 Spezielle Verknüpfungen < st >, < sp > und < qu >

Test R1	Diktiervorlage
1.	Herkules war ein <u>starker</u> Mann.
2.	Lisa fand das Verhalten <u>unsportlich</u>.
3.	Er ging <u>quer</u> über den Hof.
4.	Wird es <u>später</u> noch regnen?
5.	Der <u>Gestank</u> war fürchterlich.
6.	Oma macht es sich auf dem Sofa <u>bequem</u>.
7.	Papa <u>mischt</u> die Karten.
8.	Sein <u>Sparschwein</u> war leer.
9.	Die Wand ist frisch <u>gestrichen</u>.
10.	Der <u>Schrank</u> war verschlossen.
11.	Er <u>rutschte</u> auf dem Stuhl hin und her.
12.	Paul <u>spürte</u> keinen Schmerz.
13.	Eine Mücke hat mich <u>gestochen</u>.
14.	Die <u>Quarkspeise</u> war lecker.
15.	Die <u>Schlange</u> zischt bedrohlich.
16.	Die neue <u>Spange</u> sitzt gut.
17.	Gestern hat es bei uns <u>gestürmt</u> und geschneit.
18.	Diese Hitze ist eine <u>Qual</u>!
19.	Wir haben für die Armen <u>gespendet</u>.
20.	Die Uhr ist <u>stehen</u> geblieben.

Name: _____	Datum: _____
Schule: _____	Klasse: _____

1. Herkules war ein _____ Mann.

2. Lisa fand das Verhalten _____.

3. Er ging _____ über den Hof.

4. Wird es _____ noch regnen?

5. Der _____ war fürchterlich.

6. Oma macht es sich auf dem Sofa _____.

7. Papa _____die Karten.

8. Sein _____war leer.

9. Die Wand ist frisch _____.

10. Der _____ war verschlossen.

11. Er _____ auf dem Stuhl hin und her.

12. Paul _____ keinen Schmerz.

13. Eine Mücke hat mich _____.

©vekole23

14. Die _____ war lecker.

15. Die _____ zischt bedrohlich.

16. Die neue _____sitzt gut.

17. Gestern hat es bei uns _____ und geschneit.

18. Diese Hitze ist eine _____!

19. Wir haben für die Armen _____.

20. Die Uhr ist _____ geblieben.

Test R2 Orthografische Kennzeichen

Durchführung des Tests

Die Durchführungsanleitung lautet folgendermaßen:

„Heute schreiben wir einen Test, bei dem du/ihr Wörter in die Satzlücken schreiben sollst/sollt. Trage/tragt zunächst auf Seite 1 oben deinen/euren Namen und das heutige Datum ein.
Jetzt geht es los. Du/ihr hörst/hört jedes Wort zweimal. Zunächst im Satz. Dann nenne ich noch mal das fehlende Wort. Trage/tragt es dann in die Lücke ein!"

Bitte lesen Sie nun jeden der Sätze auf Seite 22 f. zunächst vollständig vor, danach wiederholen Sie nur das unterstrichene Wort. Achten Sie bei der Aussprache darauf, dass die Prüfwörter zwar deutlich, jedoch ohne Überartikulation gesprochen werden.

Die Eintragungsvorlagen für Schülerinnen und Schüler stehen auf den Seiten 24-26.

©vekole23

Vorlage Test R2 Orthografische Kennzeichen

Test R2	Diktiervorlage
1.	In Asien stehen <u>riesige</u> Berge.
2.	Es <u>beginnt</u> zu regnen.
3.	Die Tropfen haben einen bitteren <u>Geschmack</u>.
4.	<u>Vielleicht</u> wird es heute noch regnen.
5.	Ich komme <u>sofort</u> nach Hause.
6.	Der Torwart <u>fängt</u> den Ball.
7.	Kolumbus wird die <u>Entdeckung</u> Amerikas zugeschrieben.
8.	Der Kranke muss sich noch <u>schonen</u>.
9.	Ein Plakat <u>schmückt</u> die Wand.
10.	Ein <u>Hubschrauber</u> kreist in der Luft.
11.	Dieses Rätsel kann <u>niemand</u> lösen.
12.	Im Garten blühen die <u>Sträucher</u>.
13.	Die Spieler sind über die Niederlage <u>enttäuscht</u>.
14.	Der Zahnarzt muss ein Modell <u>anfertigen</u>.
15.	Die <u>Maschine</u> macht großen Lärm.
16.	Peter geht <u>voraus</u>.
17.	Die Schülerin ist in der Klasse <u>beliebt</u>.
18.	Das schlechte Wetter <u>ärgert</u> uns.
19.	Sabine hat sich eine <u>Zerrung</u> zugezogen.
20.	Wer <u>zuletzt</u> lacht, lacht am besten.
21.	Der Arzt <u>versorgt</u> die Wunde.

22.	Der Briefträger legt weite <u>Strecken</u> zurück.
23.	Opa ist nicht <u>geizig</u>.
24.	Florian hat seinen Bus <u>verpasst</u>.
25.	Wenn du <u>willst</u>, kannst du mich besuchen.
26.	Der Junge <u>schmatzt</u> beim Essen.
27.	Diese Sportart ist sehr <u>gefährlich</u>.
28.	Die Geschichte nahm <u>schließlich</u> ein gutes Ende.
29.	Kleine <u>Küken</u> sind süß.
30.	<u>Sehnsüchtig</u> blickt Bello auf den Braten.
31.	Der Wirt <u>begrüßt</u> seinen Gast.
32.	Um diese Zeit wird <u>gewöhnlich</u> gegessen.
33.	Wer <u>gezielt</u> übt, hat Erfolg.
34.	Vater <u>klappt</u> den Rücksitz um.
35.	Das <u>Programm</u> gefällt mir nicht.
36.	Herr Meier <u>kennt</u> viele Leute.
37.	Wenn wir <u>schwitzen</u>, müssen wir viel trinken.
38.	Die Musiker <u>stimmen</u> ihre Instrumente.
39.	Eine gesunde <u>Ernährung</u> ist wichtig.
40.	Seine Verletzung war <u>schmerzhaft</u>.
41.	Luise zeigt großen <u>Fleiß</u>.
42.	Die <u>Miete</u> für das Haus ist hoch.

Name: _____	**Datum:** _____
Schule: _____	**Klasse:** _____

1. In Asien stehen _____ Berge.

2. Es _____ zu regnen.

3. Die Tropfen haben einen bitteren _____.

4. _____ wird es heute noch regnen.

5. Ich komme _____ nach Hause.

6. Der Torwart _____ den Ball.

7. Kolumbus wird die _____ Amerikas zugeschrieben.

8. Der Kranke muss sich noch _____.

9. Ein Plakat _____ die Wand.

10. Ein _____ kreist in der Luft.

11. Dieses Rätsel kann _____ lösen.

12. Im Garten blühen die _____.

13. Die Spieler sind über die Niederlage

_____.

14. Der Zahnarzt muss ein Modell _____.

15. Die _____ macht großen Lärm.

16. Peter geht _____.

17. Die Schülerin ist in der Klasse _____.

18. Das schlechte Wetter _____ uns.

19. Sabine hat sich eine _____ zugezogen.

20. Wer _____ lacht, lacht am besten.

21. Der _____ versorgt die Wunde.

22. Der Briefträger legt weite _____ zurück.

23. Opa ist nicht _____.

24. Florian hat seinen Bus _____.

25. Wenn du _____, kannst du mich besuchen.

26. Der Junge _____ beim Essen.

27. Diese Sportart ist sehr _____.

28. Die Geschichte nahm _____ ein gutes Ende.

29. Kleine _____ sind süß.

30. _____ blickt Bello auf den Braten.

31. Der Wirt _____ seinen Gast.

32. Um diese Zeit wird _____ gegessen.

33. Wer _____ übt, hat Erfolg.

34. Vater _____ den Rücksitz um.

35. Das _____ gefällt mir nicht.

36. Herr Meier _____ viele Leute.

37. Wenn wir _____, müssen wir viel trinken.

38. Die Musiker _____ ihre Instrumente.

39. Eine gesunde _____ ist wichtig.

40. Seine Verletzung war _____.

41. Luise zeigt großen _____.

42. Die _____ für das Haus ist hoch.